WEIMAR

Es fotografierten Guntard und Renate Linde
Den Text schrieb Herbert Weißhuhn

VEB F. A. Brockhaus Verlag Leipzig

Einband Vorderseite:
Goethes Gartenhaus im Park an der Ilm

Einband Rückseite:
Detail des Lucas-Cranach-Hauses

ISBN 3-325-00111-4

2. Auflage
© VEB F. A. Brockhaus Verlag Leipzig, DDR, 1985
Lizenz-Nr.: 455/150/27/86 LSV 5219
Lektorat und Bildauswahl: Gisela Seidel
Reihengestaltung: Hans-Jörg Sittauer
Layout: Horst Adler
Printed in the German Democratic Republic
Gesamtherstellung: Druckerei Fortschritt Erfurt
Redaktionsschluß: 15. 10. 85
Bestell-Nr. 586 304 5
01000

Rund fünfundzwanzig Jahre ist es her, daß ich, von der Autobahn kommend, zum ersten Male das abendliche Weimar im Ilmtal liegen sah. Die Berkaer Straße mit ihren freundlichen Straßenlaternen lockte geradezu in die Stadt hinein. Und ich sagte zu meinen Mitfahrern: »Hier müßte es sich gut wohnen lassen!« – nicht ahnend, daß das wenig später in Erfüllung gehen würde. Inzwischen ist die uneingeschränkte Begeisterung von damals einer nüchterneren Betrachtung gewichen. Man sieht auch die weniger blanken Stellen auf dem Schild der Stadt. Doch ihre Ausstrahlung auf die Besucher wird auch von dem langjährigen Bewohner immer wieder nachempfunden.

Weimar ist eine Stadt wie jede andere auch – und ist doch etwas Besonderes. Man muß schon ein bißchen suchen, um einen Ort zu finden, der gleichermaßen lebendige Kommune in unserer Zeit ist und Hort eines Erbes, dessen Rang mit »weltweit« nicht übertrieben ist, wo Tradition und Gegenwart eine so enge Verbindung eingegangen sind, wo sich Alltägliches und Bedeutendes so verzahnen – in Geschichte und Gegenwart. Kontraste haben das Bild der Stadt in der Vergangenheit bestimmt, sie wirken bis in unsere Zeit. Und wer Weimar als Ganzes erleben will, der muß sie zur Kenntnis nehmen. Aus einem Gedicht Goethes stammen die Zeilen: »O Weimar! dir fiel ein besonder Los: Wie Bethlehem in Juda, klein und groß! Bald wegen Geist und Witz beruft dich weit Europens Mund, bald wegen Albernheit.« Franz Liszt störten, wie er in seinem Testament beklagte, »die Engherzigkeit, um nicht zu sagen der schmutzige Geist gewisser örtlicher Verhältnisse, alle Arten von Mißgunst und Dummheit«, Herder schrieb von einem »unseligen Mittelding zwischen Hofstadt und Dorf«. Aber Germaine de Staël nannte Weimar auch »die schöngeistige Hauptstadt Deutschlands«. Und für Anna Seghers war Weimar »der beste und schlechteste Ort deutscher Geschichte«. Zweieinhalb Millionen Gäste aus aller Welt besuchen alljährlich diese Stadt von 63 000 Einwohnern. Wie mag es kommen, daß Weimar, so voller Widerspruch, dennoch so starke Anziehungskraft besitzt?

Es wäre zu einfach und obendrein falsch, wollte man diese Anziehungskraft allein auf Goethe zurückführen, den unbestreitbar größten Bürger dieser Stadt. Er ist allerdings eine zentrale Figur in der Geschichte der Stadt wie in der Geschichte unserer Nationalliteratur, doch da gibt es noch mehr, das dem Namen Weimar in der Vergangenheit Gewicht verliehen hat und in unserer Gegenwart aufgehoben ist.

Die Tausendjahrfeier Weimars ist erst vor nicht allzu langer Zeit begangen worden. Aber sie war eigentlich eine Untertreibung. Über den sensationellen Fund in Weimar-Ehringsdorf, den rund 80000 Jahre alten Schädel einer jungen Frau, will ich gar nicht weiter reden – nur insofern eben, als damit erwiesen ist, daß das freundliche Ilmtal schon damals lockte, sich hier niederzulassen. Vor wenigen Jahrzehnten fand man an einer Ilmfurt bei Oßmannstedt das Grab einer jungen gotischen Adligen, deren prachtvoller Goldschmuck – im Museum für Ur- und Frühgeschichte Thüringens zu besichtigen – heute noch jede Frau begeistern könnte. Offenbar war sie von fernher auf dem Wege nach Weimar, vielleicht in diplomatischer Mission. Die Siedlung muß also schon gegen Ende des 5. Jahrhunderts ein wichtiger Ort gewesen sein. Reichlich tausend Jahre später begrub man in dieser Stadt Lucas Cranach, eine der bedeutendsten Persönlichkeiten der deutschen Renaissance; weitere dreihundert Jahre später bettete man die sterblichen Reste der beiden Dichter Friedrich Schiller und Johann Wolfgang Goethe in der damaligen Fürstengruft zur letzten Ruhe. Dazwischen aber vollzog sich das Werden und Wachsen einer »merkwürdigen Stadt«, wie sie Louis Fürnberg doppeldeutig genannt hat. Funde aus allen Epochen belegen diese Entwicklung. Das Jakobsviertel zwischen Rollplatz und Ilm war wohl der älteste Siedlungsort. Im 12. Jahrhundert wurde dort die erste Jakobskirche errichtet, im gleichen Jahrhundert die nahegelegene Wasserburg erstmals zerstört und wiederaufgebaut. Westlich dieser Burg und südlich der alten Siedlung bildete sich der Kern der neuen Stadt, die dann im 16. Jahrhundert durch Mauern gesichert wurde. Der dicke »Kasseturm« an der Nordostecke des Goetheplatzes, den sich die Studenten unserer Tage zum Klub ausgebaut haben, ist davon übriggeblieben.

Nun wird es Zeit, auch Namen Revue passieren zu lassen. Lucas Cranach d. Ä., Maler der Reformation und des Kurfürsten, Freund Martin Luthers, verbrachte hier seine beiden letzten Lebensjahre; sein bekenntnishaftes Altarbild in der Stadtkirche vollendete erst sein Sohn. 1708 kam Johann Sebastian Bach als Hoforganist und Konzertmeister in die kleine Residenz – für neun Jahre, bis er nach heftigem Streit mit dem Herzog die Stadt verließ. Fünfundfünfzig Jahre später holte die Herzoginwitwe Anna Amalia den Erfurter Professor Christoph Martin Wieland als Prinzenerzieher nach Weimar. Sein Zögling Carl August lud, kaum Herzog geworden, den jungen Goethe zu sich ein. Der blieb und gewann seinen Freund Herder für die Stadt, schließlich wurde auch Schiller hier ansässig – Weimar war zur »schöngeistigen Hauptstadt Deutschlands« geworden, wenn auch viele, die aus ganz Europa zu den Großen von Weimar wallfahrteten, sich am Provinzialismus des Hofes und der Stadt stießen.

Was fand sich damals alles in Weimar zusammen! Wieland, Philosoph und Dichter, geistreicher Plauderer und treusorgender Familienvater, war der erste gewesen. Goethe wurde zum Mittelpunkt des Kreises, zumal er ja unbestreitbar der größte und produktivste unter den Dichtern war und gleichzeitig als Staatsmann fungierte, so daß die Amtspflichten ihn fast zu erdrücken drohten, ehe er nach Italien flüchtete. Denn was er tat, das tat er gründlich, ob es sich um die Leitung der Bibliothek oder des Theaters, um die Verantwortung für den Straßenbau oder für die Finanzen des Herzogtums handelte. Neben dem Schreiben und dem Regieren fand er überdies noch Zeit, mancherlei naturwissenschaftliche Forschungen zu betreiben. Wer versucht, die Vielseitigkeit seines Schaffens zu erfassen, steht noch heute tief beeindruckt vor diesem universalen Riesenwerk. Herder, scharfsinniger Denker und leitender Geistlicher, Volksliedersammler und oberster Aufsichtsbeamter des Schulwesens, wohnte im Haus hinter der Stadtkirche, in dem noch heute sein Nachfolger im geistlichen Amt lebt. Schiller zog erst spät nach Weimar. Nur drei schaffensreiche Jahre durfte er sich des Hauses erfreuen, das er nach seiner Übersiedlung unter finanziellen Opfern für seine Familie erworben hatte. Dann unterlag er im Kampf gegen die zermürbende Krankheit.

Vier völlig unterschiedliche Charaktere und Temperamente

– man darf sich dieses klassische Weimar nicht als eine friedliche Oase vorstellen. Auch da gab es Spannungen und Streit, Auseinandersetzungen und Positionskämpfe, Menschliches und Allzumenschliches. Aber diese Vielfalt an Ansichten sowie ihre Wirkung aufeinander machten ja erst die ganze deutsche Klassik aus. Die vier waren überdies nicht allein. Da war noch Johannes Falk, der ein Heim einrichtete für die durch die napoleonischen Kriege verwahrlosten Kinder und sie durch praktische Arbeit und Güte erzog, da war der Kaufmann, Literat und Verleger Friedrich Justin Bertuch, der die erste deutsche Modezeitschrift herausgegeben hat. Da gab es die »Tafelrunde« gescheiter Frauen und Männer im Wittumspalais der Anna Amalia, da war unter anderen auch Johanna Schopenhauer, Mutter des späteren Philosophen und in ihrer Zeit erfolgreiche Schriftstellerin. Sie brach übrigens als erste die Barriere, die die höfische und gutbürgerliche Arroganz um Goethes Frau errichtet hatte.

Anderthalb Jahrzehnte lang versank die Stadt nach Goethes Tod in die Bedeutungslosigkeit einer der vielen kleinen Thüringer Residenzen, bis 1848 ein Mann nach Weimar kam, der versuchte, der Stadt und ihrem kulturellen Leben wieder etwas von dem alten Glanz zurückzugeben: Franz Liszt. Was ihn und seinen Kreis betraf, so ist ihm das gelungen. Was den Hof und einen großen Teil des Weimarer Bürgertums anbelangt, blieb sein Vorhaben verlorene Liebesmüh. Er gründete mit Hoffmann von Fallersleben und anderen den »Neu-Weimar-Verein zur gegenseitigen Anregung, Unterhaltung und zur Abwehr gegen feindselige reaktionäre Zöpfe«, beschaffte dem damals als Revolutionär verfemten Richard Wagner Asyl, brachte die Uraufführung des »Lohengrin« auf die Bühne und versammelte Musiker, Maler und Schriftsteller um sein Haus. 1861 aber verließ er verbittert über Intrigen und Borniertheit die Stadt. Als er nach acht Jahren erfolgreicher Tätigkeit im Ausland zurückkehrte, um wieder zeitweilig in Weimar zu wohnen, widmete er sich nur noch seiner Kunst. Auf seine Initiative geht die Gründung der Weimarer Orchesterschule zurück, aus der sich die jetzige Hochschule für Musik »Franz Liszt« entwickelt hat.

Etwas früher war in Weimar auch eine Kunstschule gegründet worden, die in der zweiten Hälfte des vergangenen Jahrhunderts weit über die Stadtgrenzen hinaus von sich reden machte. Hier wirkten zeitweilig Künstler wie Böcklin, Begas, Lenbach, Liebermann und Rohlfs. Die »Weimarer Malerschule« wurde Bahnbrecher einer neuen Schaffensweise, die die herkömmliche akademische Malerei überwand und von einer unmittelbaren Beziehung des Künstlers zur Natur und Umwelt ausging, wie sie sich auch in einer neuen Malweise ausdrückte. Sie hat die Kunst jener Jahre stark beeinflußt. Doch auch sie litt unter ständigen Auseinandersetzungen mit dem Großherzog, der sie gegründet hatte. Anfang dieses Jahrhunderts prägte der Belgier Henry van der Velde, Wegbereiter und Meister des Jugendstils, mit der neu gegründeten Kunstgewerbeschule das kulturelle Profil der Stadt, bis er zu Beginn des ersten Weltkrieges als »lästiger Ausländer« Weimar verlassen mußte. 1919 formte Walter Gropius diese Schulen zum »Bauhaus« um, das hier mit Männern wie Feininger und Klee, Kandinsky und Marcks, Schlemmer, Muche und anderen seine erste große Zeit erlebte. Sie strebten eine Erneuerung der Architektur an, die von der Einheit von Kunst und Handwerk bestimmt sein und den Mittelpunkt einer künstlerisch und funktionsgerecht gestalteten Lebensumwelt bilden sollte. Vieles, was damals entwickelt wurde, ist heute als selbstverständlich in das moderne Bauen und Formgestalten aufgenommen. Damals erregte es beträchtliches Aufsehen. Das unkonventionelle Auftreten der »Bauhäusler« stieß in Weimar auf schärfste Ablehnung, so daß das »Bauhaus« 1925 von den immer mehr Einfluß gewinnenden Konservativen und Rechtsradikalen vertrieben wurde und nach Dessau ging. Die jetzige Hochschule für Architektur und Bauwesen weiß sich diesen großen Kunsttraditionen verpflichtet. In der ersten Zeit nach dem zweiten Weltkrieg sind aus ihr namhafte bildende Künstler unserer Republik wie Günther Brendel, die beiden Bondzins, Gerhard Kettner und Werner Stötzer, Gottfried Schüler und Walter Womacka hervorgegangen. Die Kunstsammlungen im Schloß haben neben ihrer umfangreichen Ausstellung kostbarer Werke aus dem Mittelalter und der Renaissance auch ein reiches Angebot von Exponaten aus der Zeit der

Weimarer Malerschule, während aus der Zeit des Bauhauses leider viel in der Nazi-Ära als »entartete Kunst« vernichtet worden ist. Ein plastisches Werk von Walter Gropius allerdings, sein einziges wohl, ist nach 1945 wiederhergestellt worden. Es ist nicht nur als Kunstwerk bedeutsam, sondern verweist zugleich auf ein Stück deutscher Geschichte. Auf dem Hauptfriedhof steht diese eindrucksvolle steinerne Plastik, der »Blitz«, das Denkmal für die Opfer der Konterrevolution aus den Tagen des Kapp-Putsches 1920.

Das Herzogtum Weimar hat während seines Bestehens in den vergangenen Jahrhunderten nicht gerade politische Weltgeschichte gemacht. Dazu war es zu klein und zu unbedeutend – doch vielleicht war es gerade darum eine besonders gute Pflanzstätte geistiger und kultureller Werte. Aber nach 1919 rückte die Stadt aus anderem Anlaß ins Blickfeld. Im einstigen Hoftheater, das eben zum Deutschen Nationaltheater erhoben worden war, trat die Deutsche Nationalversammlung zusammen. Für die Wahl Weimars hat wohl weniger die humanistische Tradition der Stadt eine Rolle gespielt als ihre Eignung, an diesem Ort, der als »Hort beamtischer Treue« galt, die Volksbeauftragten militärisch gegen alle Kundgebungen des Volkswillens abzuschirmen. Im August wurde hier die »Weimarer Verfassung« proklamiert. Daß der vielfach beschworene »Geist von Weimar«, der sie schrieb, nicht der Geist Herders, Goethes, Schillers und Liszts war, hat die Geschichte der ersten deutschen Republik, nach ihrem Proklamationsort Weimarer Republik genannt, mit erschreckender Deutlichkeit gezeigt. Das Land Thüringen, dessen Hauptstadt nun Weimar geworden war, schwenkte schon 1925 scharf nach rechts, 1930 traten die ersten Naziminister in die Landesregierung ein, und bereits 1932 übernahmen sie die ganze Macht. Daß vor den Toren ausgerechnet dieser Stadt, auf dem Ettersberg, 1937 das Konzentrationslager Buchenwald eingerichtet wurde, ist also nicht zufällig, sondern eine Konsequenz aus dem, was auch in der Geschichte der Stadt so deutlich vorgezeichnet ist.

Wer sich mit Weimar beschäftigen will, kommt an Buchenwald nicht vorbei. »Der beste und schlechteste Ort deutscher Geschichte« hat darum Anna Seghers Weimar genannt. Immer muß man über der Stadt den Turm des Mahnmals auf dem Ettersberg sehen. Er ist den 56000 Toten zum Gedenken gewidmet und trägt in seinem Inneren den Text des Schwurs, den die Überlebenden nach ihrer Selbstbefreiung 1945 abgelegt haben: »Die Vernichtung des Nazismus mit seinen Wurzeln ist unsere Losung! Der Aufbau einer neuen Welt des Friedens und der Freiheit ist unser Ziel.« Dort oben wurde neben den vielen namenlos gebliebenen Opfern auch Ernst Thälmann ermordet, dort starb der sozialdemokratische Politiker Rudolf Breitscheid, dort wurden der evangelische Pfarrer Paul Schneider zu Tode gequält und Gefangene aus 32 Ländern Europas. Dort wurde aber auch Solidarität geübt und um das Überleben gekämpft, für das das »Kind von Buchenwald« zum Symbol wurde. Der einstige Häftling Bruno Apitz hat es in den Mittelpunkt seines Romans »Nackt unter Wölfen« gerückt, in dem er den Sieg der Menschlichkeit unter den Häftlingen über die Unmenschlichkeit der Bewacher so eindrucksvoll geschildert hat. Die Mahn- und Gedenkstätte wird immer wieder zum Ort gesellschaftlicher Ereignisse mit symbolhafter Bedeutung. Junge Pioniere erhalten dort ihre Halstücher, künftige Studenten erleben dort ihre Immatrikulation, junge Soldaten legen dort ihren Fahneneid ab. Und keiner, der dorthin kommt, kann sich der Erschütterung entziehen, die die Zeugnisse jener leidvollen Zeit im einstigen Lager und die bedrückenden Bauten der Gedenkstätte um die drei Ringgräber am Südhang auslösen. Das Denkmal der Widerstandskämpfer, das einer der ihren schuf, Fritz Cremers tief bewegende Figurengruppe vor dem Glockenturm, blickt weit über das Land. Erinnerung und Mahnung zugleich für die heute Lebenden.

So gab es und gibt es also in Weimar Traditionen, die fortzuführen sind, und solche, mit denen zu brechen war. Aber auch die Pflege des großen Erbes dieser Stadt mußte sich mit dem Wandel der Zeiten verändern. Aus einem weitverbreiteten Heroenkult um Goethe, aus einer trockenen Konservierung der Klassik, mußte eine lebendige Beziehung zu allen großen Männern Weimars und ihrem Werk werden. Auch das ist kein Zufall: Thomas Mann und Johannes R. Becher prägten mit ihren Reden hier die ersten Goethe- und Schiller-Gedenkfeiern nach 1945 im Deutschen Nationaltheater, der ersten nach dem Krieg wiederaufgebauten Bühne. Sie bezeugten die Kontinuität jenes Erbes ebenso wie die neue Qualität seiner Pflege. Egon Erwin Kisch hatte in einer brillant-bissigen Reportage Weimar in der Zeit bourgeoiser Goethepflege in den zwanziger Jahren »einen Naturschutzpark der Geistigkeit« genannt. Den fände er nicht mehr – schade, daß er über das jetzige Weimar keine Reportage schreiben kann. Er würde sicher einiges entdecken, was es aufzuspießen gäbe, auch noch Reste von dem, was schon Herder und Goethe und Liszt bemängelten. Aber er würde nicht mehr die ganze Stadt als »Reliquie« bezeichnen können, als ein »großes Museum, das Weimar heißt«. Damit allein wären heute wohl kaum jedes Jahr zweieinhalb Millionen Besucher anzuziehen. Das Weimar, das sie erleben, ist kein Museum, es ist ein Exempel lebendigen Erbes, auch wenn gar nicht zu leugnen ist, daß da immer wieder Zöpfe nachwachsen und eigentlich ständig einer aufpassen muß, daß sie rechtzeitig abgeschnitten werden, ehe sie die Beweglichkeit des Kopfes behindern.

Das, was die besondere Atmosphäre dieser Stadt ausmacht, ist zweierlei: Einmal das, was im Stadtbild, an Gedenkstätten und an Gegenständen des Alltags noch heute an die großen Zeiten erinnert – Sachzeugen nennt man das in der nüchternen Sprache der Fachleute. Und das ist zum anderen der Geist jener Denker und Dichter, Maler und Musiker, der aus ihren Werken spricht und hier zu spüren ist. Zwei Männer, die die Bedeutung der Stadt mitbestimmten, haben wenige solcher äußeren Erinnerungsstücke hinterlassen. Das hängt sicher mit der Art ihrer Kunst zusammen. Es sind die Musiker Johann Sebastian Bach und Franz Liszt. Das Haus, wo Bach wohnte und wo seine Söhne Wilhelm Friedemann und Philipp Emanuel geboren wurden, ist zerstört. Aber seine Musik lebt in Weimar dank intensiver Pflege durch den Bachchor und die Konzerte in der Stadtkirche sowie durch Aufführungen der Weimarischen Staatskapelle und anderer Ensembles weiter. Die Studenten der Hochschule »Franz Liszt« leisten da ebenfalls ihren angemessenen Teil. Franz Liszts letztes Wohnhaus ist museal erhalten, dort steht auch sein Flügel, der nur noch von ausgewählten Pianisten bei seltenen Gelegenheiten zum Klingen gebracht wird – aber das ist, gemessen an Liszts Verdiensten, ein wenig abseits und klein und wenig aussagekräftig. Auch Liszts Musik ist in den vergangenen Jahren seltener gespielt worden. Inzwischen hat sich ein Arbeitskreis gebildet, der sich der Pflege seiner Musik und der Aufarbeitung dieses Erbes annimmt. Da liegt noch viel Brachland, das es zu bestellen gilt. Mit seinem Patenkind, der Hochschule für Musik, die seinen Namen trägt, sieht es schon anders aus. Aus deren prächtigem Bau am Platz der Demokratie, einst Regierungsgebäude, klingen, wenn die Fenster offen stehen, fast immer die Töne der unterschiedlichsten Instrumente. Oft ist es keine sehr melodische Musik, denn dort wird vor allem geübt, geübt, geübt. Alljährlich treffen sich hier überdies im Sommer, wenn die anderen schon Ferien machen, junge Künstler aus aller Welt mit namhaften Lehrern aus vielen Ländern, um im Internationalen Musikseminar von bedeutenden Könnern ihres Fachs etwas zu lernen.

Andere markante Zeitzeugen der großen Weimarer Geschichte sind optisch deutlicher zu erfassen. Die aufwendigen, schwierigen und kostspieligen Bemühungen, die alte Bausubstanz einer kleinen und nicht mal reichen Stadt (wie lange wurde hier noch Fachwerk mit Lehm gebaut!) nach Möglichkeit zu erhalten, zahlen sich aus. Im Stadtkern haben viele Ensembles, manche Straßen und wohl alle wichtigen Gebäude aus großer Zeit ihr historisches Gesicht behalten. Schillers Haus ist ein solches Beispiel. Das war vordem das Hinterhaus eines reichen Engländers, der an der Windischengasse wohnte. Als im Februar 1945 anglo-amerikanische Fliegerbomben das Hauptgebäude und das an der Schillerstraße gegenüberliegende Haus zerstörten, geriet auch das Schillerhaus buchstäblich aus den Fugen. Es mußte vollständig rekonstruiert werden wie der Westflügel des Goethehauses, der getroffen war, und das völlig ausgebrannte Nationaltheater.

Es gibt idyllische Fleckchen auch heute noch in Weimar. Dazu gehört der alte Jakobskirchhof neben dem Rollplatz. Mächtig ist die Efeufläche, die das Grab des Malers Lucas Cranach deckt, schlicht die Steinplatte dort, wo Christiane

Goethe ruht, bedeutungsvoll durch die eingemeißelten Worte ihres Mannes. Das Grab war lange Zeit in Vergessenheit geraten, es wurde erst 1888 wiederentdeckt. An der Südostecke, in dem Kassengewölbe, war Schiller zuerst bestattet worden.

Nach einer anderen Idylle muß man schon suchen. Das Tor zum Kirms-Krackow-Haus in der Jakobstraße ist leicht zu übersehen. Hinter ihm öffnet sich der Hof eines reichen Bürgerhauses. Im ersten Stock befindet sich die dazugehörige Wohnung, darüber ein Herdermuseum. In den historischen Räumen und in diesem Hof fühlt man sich zurückversetzt in die Zeit der späten Klassik um 1820, als ob die Besitzer das Haus gerade erst verlassen hätten. Und wer jene kleine, fast versteckte Tür hinten im Hof findet, der wird durch den Blick in einen zierlichen, gepflegten Garten belohnt, in dem Bänke zum Verweilen einladen, mitten in der Stadt die Vögel zwitschern und wunderbare Ruhe herrscht. Die Stadtkirche St. Peter und Paul, im Volksmund Herderkirche genannt, kann man als eine dritte solche Oase bezeichnen. Hier ruht der einstige Generalsuperintendent Herder, dessen Feststellungen über die Ostkolonisation des Deutschritterordens und über die slawischen Völker so modern anmuten, daß sie heute geschrieben sein könnten. Nicht vergessen werden darf als ein solcher Ruhepunkt der historische Friedhof mit der Goethe- und Schillergruft und den goldenen Kuppeln der orthodoxen Kapelle über dem Grab Maria Pawlownas, der Zarentochter und Schwiegertochter Carl Augusts. An den Gräbern um dieses Zentrum sind nicht allein klangvolle Namen der klassischen und nachklassischen Zeit zu lesen. Auch bedeutende Persönlichkeiten, die in der jüngsten Vergangenheit dem Namen Weimar Ehre gemacht haben, sind hier begraben – genannt seien nur der Schriftsteller Louis Fürnberg, der Dirigent Hermann Abendroth und der Verleger Gustav Kiepenheuer.

Wem zum Ausruhen das Gehen lieber ist als das Sitzen, der sollte sich die Zeit nehmen und dazu nach Tiefurt hinausfahren in den weiten still-heiteren Park oder nach Belvedere, wo Schloß, Park und Orangerie lebhafter bewegt ihre Harmonie spüren lassen. Hier ahnt man, daß diese liebliche Landschaft des Ilmtals großen Anteil daran hat, daß es sich hier gut sein und gut schaffen ließ. Man kann aber auch im Park an der Ilm zwischen Römischem Haus und Tempelherrenhaus spazieren, durchs Felsentor, am Borkenhaus, dem einzigen Shakespearedenkmal auf dem Kontinent und an der künstlichen Ruine vorbei bummeln und dabei darüber nachsinnen, daß die alten Klassiker doch manchmal rechte Romantiker waren.

Wer im Park an der Ilm lustwandelt, der kommt auf jeden Fall an Goethes Gartenhaus vorbei. »Übermütig siehts nicht aus«, hat sein Eigentümer selber gedichtet. Sechs Jahre hat der Herr Minister und Geheimrat hier gewohnt, in diesem bescheidenen Häuschen, das so viel intimer wirkt als das repräsentative Haus am Frauenplan, so viel schlichter. Zuweilen mags da manchmal recht garstig kalt und einsam gewesen sein. In diesen Räumen tritt Goethe dem Gast nicht als der »Olympier« entgegen, sondern als ein junger, manchmal auch recht ungebärdiger Mann, der Natur ganz nahe verbunden, die ihn hier unmittelbar umgab.

Damit sind wir unversehens von den Idyllen zu den Gedenkstätten gelangt. Vor Goethes Haus am Frauenplan stauen sich oft die Besucher. Der Hausherr selber hatte sie ja eingeladen: »Warum stehen sie davor? Ist nicht Türe da und Tor? Kämen sie getrost herein, würden wohl empfangen sein.« Sie kommen herein, zu Tausenden. Und sie werden wohl empfangen. Mit »Salve« grüßt der einstige Hausherr seine Gäste, die heutigen Sachwalter seines Hauses tun es auf andere Weise und in vielen Sprachen. Über das Haus will ich nicht reden – wer nach Weimar kommt, besucht auch das Goethehaus und macht sich sein eigenes Bild. Für mich, der ich nun schon so oft als Gast darin war, ist immer wieder tief beeindruckend seine Zweiteilung, die nach Christianes Tod mit Konsequenz durchgeführt wurde: das repräsentative Vorderhaus, wo der Geheimrat empfing, wo auch fröhliche Geselligkeiten stattfanden, und wo der Besucher den berühmten Mann herzlich aufgeschlossen oder steif und förmlich erlebte. Im hinteren Teil des Hauses aber, mit dem Blick auf den Hausgarten, für die Fremden verschlossen, das einfache Arbeitszimmer und das spartanische Schlafkämmerchen, alles zusammen genau bemessene Lebenshüllen eines großen und vielseitigen Mannes.

Auch im Schillerhaus sind die Räume, in denen der Dichter arbeitete und starb, im historischen Zustand erhalten und vereinen sich mit einer Ausstellung zu seinem Leben und Werk. Der Grundstein für ein Schiller-Nationalmuseum wurde hinter dem Schillerhaus am 225. Geburtstag des Dichters im November 1984 gelegt. Im Wittumspalais wird an Wielands Wirken erinnert, im Stadtmuseum, das seinen Sitz im Bertuchhaus hat, an den Bauherrn und einstigen Eigentümer. An all diesen Stätten wird dem Beschauer das Leben und Wirken derer nahegebracht, denen die kleine Stadt an der Ilm Weltruf verdankt. Das verpflichtet die Erben. In Weimar wird das große Erbe nicht nur verwaltet und vorgezeigt. Für die deutsche Klassik und ihr Umfeld sind die »Nationalen Forschungs- und Gedenkstätten der klassischen deutschen Literatur« federführend. Hier ist vom Archiv bis zur Parkpflege alles zusammengefaßt, was nötig ist, um den Gästen mehr als nur verehrungswürdige Stätten der Literaturgeschichte zu zeigen. Dazu gehört intensive wissenschaftliche Forschung ebenso wie ein breites Publikations- und Editionsprogramm, der Fachvortrag ebenso wie die sachkundige Führung durch die Gedenkstätten.

Was die Forschungsstätten im Hinblick auf die deutsche Klassik tun, das geschieht auf andere Art und Weise an den Hochschulen im Blick auf ihr spezifisches Erbe, darum bemüht sich das Theater eingedenk seiner Verpflichtung als Deutsches Nationaltheater, das tun die Kunstsammlungen, mit einem anderen Akzent die Leitung der Mahn- und Gedenkstätte Buchenwald und nicht zuletzt der Rat der Stadt.

Von den jungen Musikern, die zum Internationalen Musikseminar kommen, war bereits die Rede. Natürlich hält die Goethe-Gesellschaft hier ihre von Teilnehmern aus aller Welt besuchten Jahreshauptversammlungen ab, die Deutsche Shakespeare-Gesellschaft ist seit 120 Jahren in Weimar ansässig und ruft ihre Mitglieder zu Tagungen in die Stadt an der Ilm, die Friedrich-Schiller-Universität Jena führt ihre Sommerkurse für Germanisten aus vielen Ländern in Weimar durch. Bei all diesen Anlässen geht es immer wieder um die

Erschließung des Erbes für die Gegenwart, für die Menschen des ausgehenden 20. Jahrhunderts. Deshalb auch finden sich alle Weimarer Kulturinstitute alljährlich zu den »Weimartagen der Freien Deutschen Jugend« zusammen, um im Frühsommer jungen Menschen aus der ganzen Republik das in Weimar gepflegte Erbe in seiner ganzen Vielfalt zum Erlebnis werden zu lassen. Sie sollen angeregt werden, sich selbst damit zu beschäftigen, das Erfahrene zu verarbeiten und Lust zum Wiederkommen zu gewinnen. Daß bei all solchem Bemühen auch der kritische Blick geschärft und das Überkommene nicht ungeprüft akzeptiert wird, sondern sich befragen lassen muß, liegt in der Art der Erschließung und ist beabsichtigt.

Sicher ist es zuerst einmal die kulturelle Potenz, die den Ruf der Stadt Weimar auch heute noch bestimmt. Aber sie ist es nicht allein. Den Namen »Weimar« tragen auch Uhren und Landmaschinen, die hier produziert werden, in die Welt, die Ortsangabe Weimar steht im Impressum bedeutender Verlage, mehrere große Kombinate haben hier ihren Sitz, so das Spezialbaukombinat Wasserbau, das Talsperren und andere Großobjekte baut, das Autobahnbaukombinat und ein Institut des Schwermaschinenbaukombinats »Ernst Thälmann«. Der große Teil der Weimarer Einwohner geht einer Tätigkeit nach, die so alltäglich und praktisch ist wie anderwärts. Eine Industriestadt kann man Weimar dennoch nicht gerade nennen. Als Stadt der Schulen könnte man es schon eher bezeichnen. Musiker, Bauingenieure, Architekten, Pädagogen, Agraringenieure, Staatswissenschaftler werden hier ausgebildet. Die Liga für Völkerfreundschaft der DDR unterhält in Weimar ein kommunalpolitisches Institut, dessen Kursteilnehmer zum großen Teil aus den jungen afrikanischen Nationalstaaten kommen. Diese Betriebe und Schulen ziehen heute ebenfalls viele Gäste nach Weimar. Erfahrungsaustausche und Kongresse zu Fachfragen, insbesondere auf Spezialgebieten des Bau- und Ingenieurwesens, finden zunehmende internationale Resonanz und ergänzen das Spektrum der wissenschaftlichen Tagungen um wesentliche Farben. Sie alle, die Literaturforscher und die Architekten, die Kommunalpolitiker und die Mathematiker, die Talsperrenbauer und die Musiker, sind inbegriffen in den Millionen, die jährlich als Besucher der Stadt mindestens einmal den Weg von der Wielandstraße über den Theaterplatz und die Schillerstraße zum Frauenplan, zum Markt oder zum Schloß gehen. Sie alle können spüren, daß auch im Gesicht dieser Stadt die Synthese von Erbe und Gegenwart zu einer eigenen Atmosphäre geführt hat, von der die Bilder in diesem Bändchen beredtes Zeugnis ablegen.

Einer, der das Weimar der Goethezeit recht kritisch gesehen hat, Heinrich Heine, hat einmal bei der Betrachtung »französischer Zustände« geschrieben: »Der heutige Tag ist ein Resultat des gestrigen. Was dieser gewollt hat, müssen wir erforschen, wenn wir zu wissen wünschen, was jener will.« Das ist ein Schlüssel auch zu der Beziehung zwischen Tradition und Gegenwart, um die man sich heute in Weimar bemüht. Es ist, es muß noch einmal gesagt werden, ein Feld voller Spannungen und Widersprüche, das hier aufzuarbeiten, zu veranschaulichen, immer neu zu vergegenwärtigen ist. Die Faszination dieser Stadt liegt wohl darin, daß sich hier wie in einem Brennglas alles bündelt, was für unsere Geschichte so kennzeichnend ist, jener Widerspruch von Vorwärtsstürmen und Leisetreten, von Höhenflug und Kleinkrämerei, von hoher Menschlichkeit und niedrigster Menschenverachtung, von Schillers »Alle Menschen werden Brüder« und dem zynischen »Jedem das Seine« der Mörder von Buchenwald. Erst dann, wenn wir Weimar so begriffen haben, als ein kontrastreiches, aber eben darum plastisches Bild, in dem die Menschlichkeit ob ihrer Kraft siegt, als ein Brennglas deutscher Geschichte, dessen gebündeltes Licht noch heute in den Herzen ein Feuer zu entzünden vermag, dann haben wir Weimar wirklich erlebt.

1 Weimarer Altstadt, im Hintergrund die Stadtkirche St. Peter und Paul
2, 3 Die »Bastille« (1439), Rest der Burg Hornstein, die 1618 abbrannte. Dahinter der Schloßturm aus dem Mittelalter mit der Barockhaube von 1728 · Renaissance-Portal

4
5
6

78

4 Weimarer Blumenmarkt
5, 6 Marktansicht: Stadthaus und Lucas-Cranach-Haus · Eingang an der rückwärtigen Seite
7 Trubel auf dem weithin berühmten Zwiebelmarkt
8 Neptunbrunnen auf dem Markt, eine Arbeit von M. Klauer
9 Stadtübersicht mit Neubauvierteln in Richtung Ettersberg
10 Die Parkfront des Weimarer Schlosses mit dem 1913/14 erbauten Südflügel, dem Sitz der Nationalen Forschungs- und Gedenkstätten der klassischen deutschen Literatur
11 Sternbrücke über die Ilm

12–15 Aus den Weimarer Kunstsammlungen: Zu einem der größten Schätze zählt das Gemälde »Sibylle von Cleve als Braut« von Lucas Cranach d. Ä. (1528) · »Großherzogin Maria Pawlowna«, Gemälde von F. A. Tischbein · Ikonen des 15./16. Jh.

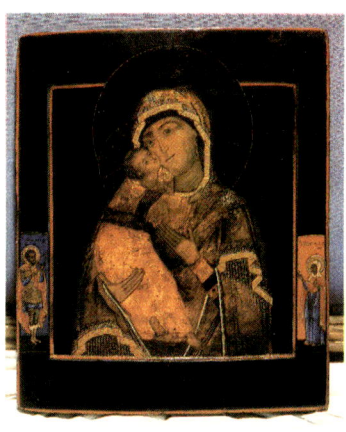

16, 17 In der Stadtkirche (auch Herderkirche) befindet sich das Altargemälde von Lucas Cranach d. Ä. (Mittelteil mit Selbstdarstellung des Künstlers), das von seinem Sohn vollendet wurde. Hier wirkte Herder 27 Jahre als Generalsuperintendent

18 Das Pfarrhaus der Stadtkirche, einst Herders Wohnsitz

19 Herderdenkmal vor der Stadtkirche, eine Arbeit des Münchner Bildhauers L. Schaller

20 Blick in den Hof des Kirms-Krackow-Hauses in der Jacobstraße 10

21 Im kleinen Hausgarten

22,23 Am Frauenplan, der einst dreieckige Platz erhielt seinen Namen von einer Kapelle »Zu Unserer Lieben Frau«. Im Hintergrund Goethes Wohnhaus, Mittelpunkt des Goethe-Nationalmuseums · Haupteingang

25 Goethebildnis von J. C. Stieler (1828)

26 Im Goethehaus, einem langgestreckten repräsentativen Bürgerhaus. Hier lebte Goethe 47 Jahre · Das Junozimmer

27–29 Goethes Arbeitszimmer · Im kleinen Eßzimmer · Das Sterbezimmer. Die Einrichtungen der Räume widerspiegeln klassisches Ebenmaß und strenge Linienführung

30
31
32

30–32 Christiane Vulpius, Zeichnung von F. Burg · Brunnen im Hof · Auf der Gartenseite des Hauses

33–35 Im Park an der Ilm: Das Römische Haus, erbaut unter Goethes Leitung als Sommersitz des Herzogs Carl August · Schlangenstein am linken Ilmufer

36 Parkidylle

37, 38 Goethes Gartenhaus im Park an der Ilm. Ständiger Wohnsitz Goethes von 1776 bis 1782. Auch später zog er sich gern hierher zurück.

39, 40 Straßenszene · Standbild des Herzogs Carl August von A. Donndorf vor dem Landschaftshaus, der jetzigen Hochschule für Musik »Franz Liszt«

41
42
43

41, 42 Gasthaus »Zum Weißen Schwan«, ältestes Gebäude am Frauenplan. Hier logierten häufig Goethes Gäste · Farbiges Glasfenster »Nachtwächter«
43 Fachwerkhaus »Geleitschenke«, eines der schönsten in Weimar
44, 45 Schillers Wohnhaus mit dem Gänsemännchenbrunnen davor. Hier verbrachte der Dichter seine letzten Lebensjahre, in denen er – immer gegen Krankheiten und Tod ankämpfend – seine bedeutendsten Werke schuf · Schillerbildnis von Anton Graff (um 1793)
46–48 Schillers Arbeitszimmer und Arbeitsplatz · Im Gesellschaftszimmer

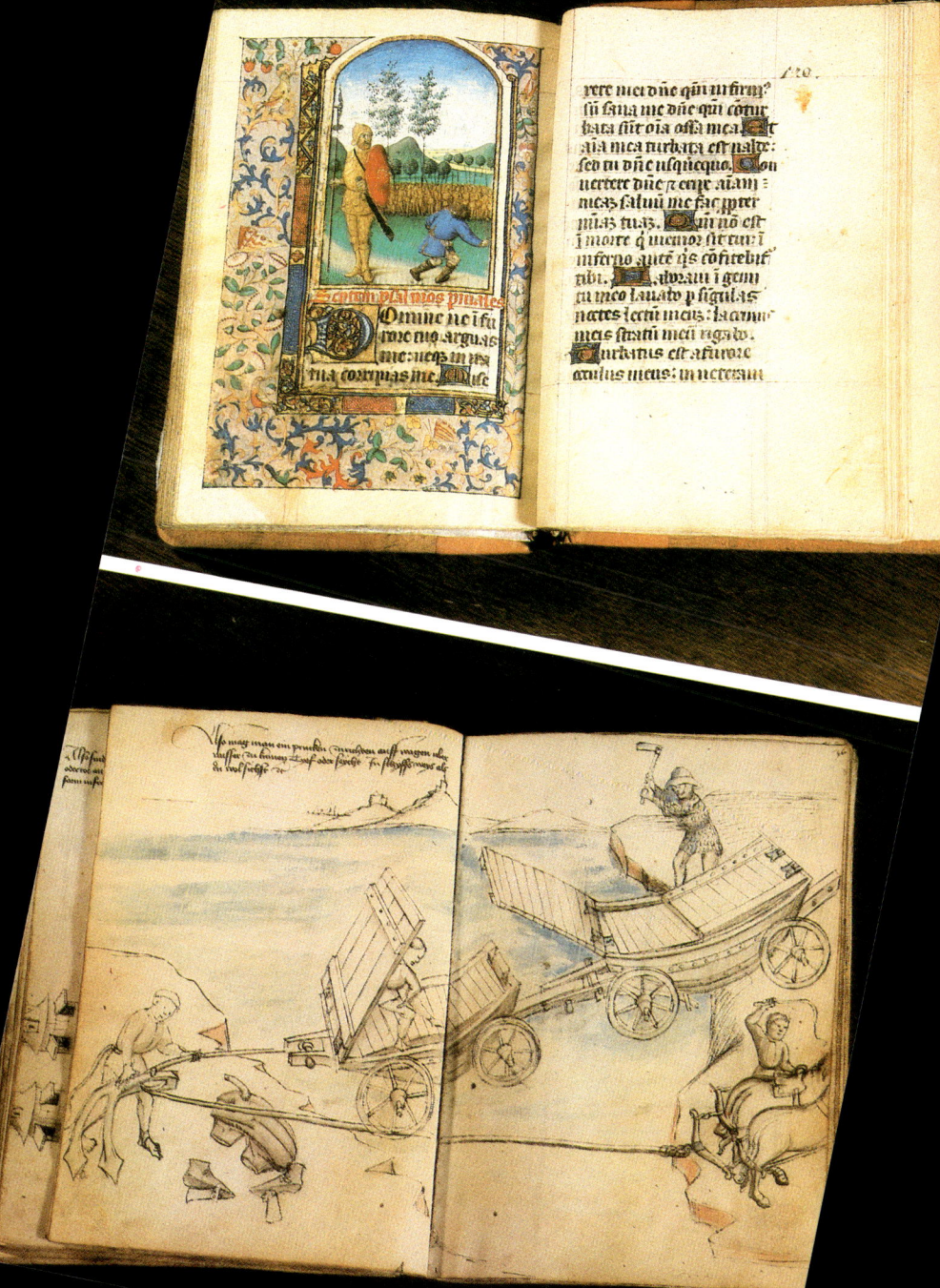

49–51 Rokokosaal in der Zentralbibliothek der deutschen Klassik, einer Fundgrube für Forscher und Bibliophile · Exponate: David und Goliath aus dem Brevier (15. Jh.) und Doppelseite aus dem Büchsenmeisterbuch von Hanns Hentz (16. Jh.)
52 Goethe-Schiller-Gruft von Coudray, auf dem »Neuen Friedhof«
53–55 Grabkapelle der Großfürstin Maria Pawlowna (seit 1859) · Grabmäler des Musikers J. N. Hummel und der Charlotte von Stein
56–58 Shakespeare-Denkmal vor der künstlichen Ruine im Park an der Ilm, das einzige auf dem europäischen Kontinent · Ruine des Tempelherrenhauses · Franz-Liszt-Denkmal

59 Hier am oberen Parkausgang an der Belvederer Allee lebte, komponierte und unterrichtete Franz Liszt von 1869–86. Das Haus war 1798 für den Hofgärtner gebaut worden

61–63 Alte Einfahrt zum Wittumspalais, einem 1767 erbauten repräsentativen Wohnhaus, seit 1774 nach dem Brand des Schlosses Witwensitz der Herzogin Anna Amalia · Das »Tafelrundezimmer« im Palais

64, 65 Vor dem Deutschen Nationaltheater bildet das Doppelstandbild der Dichter Goethe und Schiller (eine Arbeit von E. Rietschel) ein Wahrzeichen der Stadt

66 Ernst-Thälmann-Denkmal auf dem Platz der 56000
67 In der Mensa der Hochschule für Architektur und Bauwesen
68 Monumentale Plastikgruppe von Fritz Cremer vor dem Glockenturm der Nationalen Mahn- und Gedenkstätte Buchenwald
69, 70 Belvedere: Parkdetail und Orangerie. Die Anlage entstand 1724—32 als absolutistischer Prunkbau. Der Park wurde zur Goethezeit im englischen Gartenstil umgestaltet. Hier gibt es mehr als 3000 seltene Pflanzen. Die exotischen Kostbarkeiten beziehen ihr Winterquartier in Gewächshäusern, die durch eine 200 Jahre alte Kanalheizung warmgehalten werden.